AF484256

MARGARITA JARDIM LEÇA

RAZÕES PARA ESTAR FELIZ
Como alcançá-lo!

PRÓLOGO DE JOSÉ PULIDO

**Português-Espanhol-Inglês
Alemão-Italiano**

RAZÕES PARA ESTAR FELIZ
Como alcançá-lo!
© Margarita Jardim Leça
© Reinaldo Rodríguez Anzola
© Oswaldo Ruiz
© Herlinda Stockner
2021
ISBN: 9798728527916

Tradução portuguesa:
Margarita Jardim Leça
Original em espanhol:
Reinaldo Rodríguez Anzola
Tradução para o inglês: Oswaldo Ruiz
Tradução do alemão: Herlinda Stockner
Tradução do italiano: Herlinda Stockner

mjardin77@gmail.com

rey253@hotmail.com
@RodríguezAnzola @SobrelaVida

A

minha familia e amigos
com carinho

ÍNDICE

Apresentação

Este texto ensina que ser feliz contribui para tornar a vida mais nobre e bonita. É uma razão convincente, e o incrível é que as próximas razões para desfrutar da vida são igualmente fortes.

O autor reconhece a quota da dor, da estupidez, da crueldade e da incerteza de viver, mas todo o livro é um lembrete do óbvio: o mero facto de ser é tão tremendamente bonito que basta compensar todas as tristezas.

Muitas das razões para ser feliz são conhecidas, mas pouco entendidas, por exemplo, que a verdade, a sabedoria e a felicidade são o caminho, não o objetivo.

"Atreve-te a ser quem és" é uma chave para a felicidade que este trabalho destaca. E outra razão conclusiva: não tens de fazer nada para ser feliz, apenas aceitar a vida, nada te impede de a desfrutar. Viver é suficiente

Presentación

Este texto enseña que ser feliz contribuye a que la vida sea más noble y hermosa. Es una razón convincente, y lo asombroso es que las siguientes razones para disfrutar la vida son de igual contundencia.

El autor reconoce la cuota de dolor, estupidez, crueldad e incertidumbre del vivir, no obstante todo el libro es un recordatorio de lo evidente: el solo hecho de ser es tan tremendamente hermoso que basta para compensar todas las penas.

Muchas de las razones para ser feliz son conocidas, pero poco comprendidas, por ejemplo que la verdad, la sabiduría y la felicidad son el camino, y no la meta.

"Atrévete a ser lo que eres" es una clave para la felicidad que esta obra resalta. Y otra razón concluyente: no hay que hacer nada para ser feliz, basta con aceptar la vida, nada impide disfrutarla. Vivir es suficiente.

Presentation

This text teaches that happiness helps make life more noble and beautiful. It is a compelling reason, and the amazing thing is that the following reasons to enjoy life are the same forcefulness.

The author acknowledges the share of pain, stupidity, cruelty and uncertainty of living, however the whole book is a reminder of the obvious: the mere fact that it is so tremendously beautiful is sufficient to compensate all penalties. Many of the reasons to be happy are known but little understood, for example, that the truth, wisdom and happiness are the way, and not the goal.

"Dare you be who you are" is a key to happiness that this work highlights. And another compelling reason is not to do anything to be happy, just accept life, nothing prevents enjoying it. Living is enough.

Präsentation

Dieser Text zeigt uns, daß Glück dazu beiträgt, das Leben edler und schöner zu gestalten. Das ist einer der überzeugendsten Gründe, obwohl jene, die folgen, genauso wichtig sind, um das Leben zu genießen.

Der Autor ist sich bewußt, daß Schmerz, Dummheit, Grausamkeit und Unsicherheit zum Leben gehören. Trotzdem soll uns dieses Büchlein an das erinnern, was selbstverständlich erscheint: die bloße Tatsache des Seins ist überwältigend und genügt, alle Leiden auszugleichen.

Viele der Gründe zum Glücklichsein sind bekannt, werden jedoch oft nicht verstanden: zum Beispiel, daß die Wahrheit, Weisheit und das Glück der Weg dazu, aber nicht das Ziel sind.

"Wage zu sein, wer du bist" ist ein Leitspruch zum Glück, der in diesem Werk hervorgehoben wird. Und ein weiterer Grund ist: nichts tun, um glücklich zu sein, sondern einfach das Leben zu akzeptieren. Nichts hindert uns, es zu genießen. Leben allein genügt.

Presentazione

Questo testo ci insegna che essere felici contribuisce a rendere la vita più nobile e bella. Si tratta di una ragione convincente ed è sorprendente come le seguenti ragioni per godersi la vita siano di ugual impatto.

L'autore riconosce la parte di dolore, stupidità, crudeltà e incertezza del vivere; tuttavia, l'intero libro punta a ricordare quello che è certo: il solo fatto di "essere" è così meraviglioso da compensare tutte le pene.

Tante delle ragioni per essere felice sono note ma poco comprese. Per esempio: la verità, la saggezza e la felicità, rappresentano il mezzo e non la meta.

"Abbi il coraggio di essere chi sei" è una chiave per la felicità e quest'opera la mette in risalto. Altra ragione concludente: non occorre fare nulla per essere felici, basta accettare la vita, nulla ci impedisce di godercela. Vivere è sufficiente.

Prólogo: Reinaldo e felicidade

Há algum tempo, entrei num lugar com a minha neta onde vendem alimentos para animais e vi uma velha vestida com a elegância das roupas que estavam na moda nos anos 60. Usava um fato de alfaiate, feito de materiais nobres, embora já se desgastasse um pouco no pescoço e numa das mangas. Sem dúvida que tinha sido uma bela senhora: ainda tinha uma história de beleza e glamour deixada no rosto, nos gestos. A verdade é que ela estava num certo estado de felicidade que a fez parecer imersa na infância.

Com suas mãos compridas e trêmulas, ela acariciava as barras de uma gaiola e falava com alguns periquitos australianos, como se os conhecesse há muito tempo e eles entendessem seu carinho em espanhol. Talvez ela estivesse ansiosa pelo momento em que poderia levar a gaiola com os periquitos, porque sua empolgação aumentou quando o funcionário desengatou o objeto e disse "estes chegaram recentemente".

A minha neta de três anos puxava-me a perna pelas calças e dizia "vamos avô" e antes que eu pudesse cumprir o seu desejo ela começou a chorar e eu tive que carregá-la e sair como se faltasse o ar e o futuro naquele estabelecimento. Perguntei-lhe o que se passava com ela e ela respondeu: "Estou triste porque no parque os pássaros voam e os que lá estão não podem."

Essa resposta deixou-me pendurado numa parede. E apesar de ter levado a minha neta para tomar um gelado e depois rimos juntos, fiquei a pensar que a felicidade daquela velha era um ato motivador de tristeza para uma menina. Sempre suspeitei que a felicidade é diferente para cada ser humano, que a felicidade é uma conquista transitória para cada pessoa, uma conquista que gera memórias felizes em oposição a eventos que produzem memórias amargas ou dolorosas. Na verdade, acho que mais cedo ou mais tarde todos abrigam essa suspeita. As lembranças felizes servem para resistir e continuar olhando, cheirando, ouvindo, caminhando, saboreando e sentindo a vida.

No entanto, nunca dediquei-me a pensar ou investiguei se essa suspeita que tenho da felicidade afunda a sua âncora no fundo lamacento das verdades. Talvez porque tudo o que chega me parece inevitável e por isso vivo o triste e o alegre como se fosse um trabalho: é um dever continuar a fazê-lo.

No entanto, há pessoas que pensam e ponderam temas como a felicidade e muitas vezes alcançam conhecimento que se torna uma ajuda para os outros, guias úteis para aqueles que tentam orientar-se no meio de uma tempestade. Uma dessas pessoas é o autor Reinaldo Rodríguez Anzola, que já publicou vários livros relacionados a questões filosóficas ou ao exercício do pensamento.

O seu livro "Razões para ser feliz, como alcançá-lo!", é aquele que lê de forma mais rápida e agradável porque as suas centenas de razões são encapsuladas em cem parágrafos curtos e ágeis, muito eficazes em termos comunicativos.

Reinaldo diz, por exemplo:
"Ser feliz contribui para tornar a vida mais nobre e bela. Diante da sacralidade da existência, tudo é subordinado."

E talvez o leitor seja capaz de argumentar "Tudo bem, mas como posso ser feliz?" já que a felicidade não é obtida apenas por dizê-la.

E Reinaldo diz:
"Confundimos felicidade com alegria e com ausência da feiúra da vida. Felicidade é aceitar a vida como ela é, com sua cota de dor, estupidez, horror e incerteza." O que, sem dúvida, é um bom ponto a seu favor.

"A felicidade não é um fim em si mesma, surge espontaneamente da capacidade de se maravilhar diante da natureza."

De qualquer forma, acho que Reinaldo poderia muito bem incluir um fragmento da poesia de Walt Whitman, o grande poeta de Long Island, para tornar seu livro perfeito:

"Não tome mais as coisas de segunda ou terceira
mão, não olhe pelos olhos da morte,
não se alimente dos espectros dos livros;
eu não quero que você olhe pelos meus
olhos também, ou o que
receba coisas de mim;
escuta as vozes vindo de todos os lados e
peneirar
aqueles que chegam até você.

Eu ouvi o que os charlatães disseram, a
conversa do
início e fim;
mas não estou falando sobre o começo ou
o fim.
Nunca houve outro começo além deste
agora,
nem mais juventude nem velhice do que
hoje;
e nunca haverá outra perfeição do que
agora,
nem outro paraíso, nem outro inferno do
que este hoje.
Impulso, impulso e impulso;
sempre o criador do impulso mundial."

Confesso que escrever sobre o livro de
Reinaldo e concluir a breve escrita
invocando Whitman fez-me sentir algo
que poderia ser identificado como
felicidade. Quando alguém envelhece, os
parabéns são do espírito.

José Pulido.

Reinaldo y la felicidad

Hace un tiempo entré con mi nieta a un lugar donde venden alimentos de animales y vi a una anciana vestida con la elegancia de una ropa que estuvo de moda en los años sesenta. Lucía un traje sastre, hecho de materiales nobles, aunque ya se deshilachaba un poco en el cuello y en una de las mangas. Sin duda, había sido una bella dama: aun le quedaban antecedentes de belleza y de glamur en el rostro, en los gestos. Lo cierto es que ella se hallaba en un cierto estado de felicidad que la hacía parecer sumergida en la infancia.

Con sus manos largas y temblorosas acariciaba los barrotes de una jaula y hablaba con unos periquitos australianos, como si los conociera desde hacía tiempo y ellos entendieran sus cariños en español. Quizás había esperado con ansias el momento en que podría llevarse la jaula con los periquitos, porque su emoción fue in crescendo a medida que el empleado desenganchaba el objeto y le decía "estos llegaron hace poco".

Mi nieta, de tres años de edad, me jalaba por la pierna del pantalón y me decía "vámonos abuelo" y antes que pudiera cumplir su deseo se puso a llorar y tuve que cargarla y salir como si faltaran el aire y el futuro en aquel establecimiento. Le pregunté qué le ocurría y me respondió "Estoy triste porque en el parque los pajaritos vuelan y esos que están ahí no pueden".

Esa respuesta me dejó como colgando en una pared. Y aunque llevé a mi nieta a comer helados y luego nos reímos juntos, me quedé pensando que la felicidad de aquella anciana era un acto motivador de tristeza para una niña.

Siempre he sospechado que la felicidad es distinta para cada ser humano, que la felicidad es un logro transitorio de cada quién, un logro que genera recuerdos dichosos en contraposición a los hechos que producen recuerdos amargos o dolorosos. En realidad, creo que tarde o temprano todo el mundo alberga esa sospecha. Los recuerdos dichosos sirven para resistir y continuar mirando, oliendo, escuchando, caminando, probando y sintiendo la vida.

Sin embargo, nunca me he dedicado a pensar ni a investigar si esa sospecha que tengo respecto a la felicidad hunde su ancla en el fondo cenagoso de las verdades. Quizás porque todo lo que llega me parece inevitable y por eso vivo lo triste y lo alegre como si se tratara de un oficio: es un deber seguirlo haciendo.

No obstante, hay gente que se dedica a pensar y a meditar sobre temas como el de la felicidad y muchas veces alcanzan conocimientos que se convierten en ayudas para los demás, en útiles guías para quien trata de orientarse en medio de una tormenta.

Una de esas personas es el autor Reinaldo Rodríguez Anzola, quien ya ha publicado varios libros relacionados con temas filosóficos o con el ejercicio del pensamiento.

Su libro "Razones para ser feliz ¡Cómo lograrlo!", es el que se lee más rápida y placenteramente porque sus cien razones están encapsuladas en cien párrafos breves y ágiles, muy eficaces comunicacionalmente hablando.

Reinaldo dice, por ejemplo:

"Ser feliz contribuye a que la vida sea más noble y hermosa. Ante lo sagrado de la existencia todo se subordina."

Y quizás el lector le podrá argüir "Está bien pero ¿cómo hago para ser feliz?" ya que la felicidad no se obtiene con sólo decidirlo.

Y Reinaldo dice:

"Confundimos felicidad con alegría, y con la ausencia de lo feo de la vida. Felicidad es aceptar la vida como es, con su cuota de dolor, estupidez, horror e incertidumbre." Lo que, sin duda alguna, es un buen punto a favor suyo.

"La felicidad no es un fin en sí misma, surge espontáneamente de la capacidad de asombro frente a la naturaleza."

En todo caso, creo que Reinaldo ha podido muy bien incluir un fragmento de la poesía de Walt Whitman, el gran poeta de Long Island, para que su libro fuera perfecto:

No tomes más las cosas procedentes de una segunda o tercera
mano, no mires a través de los ojos de la muerte,
no te alimentes con los espectros de los libros;
tampoco quiero que mires a través de mis ojos, ni que recibas las cosas de mí;
escucha las voces procedentes de todos los lados y tamiza
las que hasta ti lleguen.

He escuchado lo que los charlatanes decían, la charla del
principio y la del final;
pero yo no hablo del principio ni del final.
Jamás existió otro comienzo que este de ahora,
ni más juventud ni vejez que la de hoy;
y jamás existirá otra perfección que la de ahora,
ni otro paraíso ni otro infierno que este de hoy.

Impulso, impulso e impulso;
siempre el creador impulso del mundo."

Confieso que escribir sobre el libro de Reinaldo y concluir el breve escrito invocando a Whitman, me ha hecho sentir algo que podría identificarse como felicidad. Cuando uno envejece, las felicidades son del espíritu.

José Pulido

Prologue: Reinaldo and happiness

A while ago I walked with my granddaughter to a place where they sell animal food and saw an old woman dressed in elegance with a garment that was fashionable in the sixties. She wore a suit made of fine materials, even though fraying a bit on the neck and on one sleeve. She certainly was a beautiful lady: without any doubt she had been a beautiful lady and still had remains of beauty and glamour on her face and gestures. The truth is that she was in a state of happiness that made her look submerged in childhood.

With her long trembling hands she stroked the bars of a cage and spoke with some australian parakeets as if she had known them for some time and they understood their affections in Spanish. Perhaps had eagerly awaited the moment she could take home the cage with parakeets, because his emotion was in crescendo as the employee unhooked the object and said "these arrived recently".

My granddaughter, three years, grabbed my leg and said "lets go Grandpa" and before she could fulfill her wish she began to cry and I had to carry her and leave before our stay in that place became difficult to tolerate. I asked her what was wrong and she said : "I am sad because birds in the park can fly and those there can not."

That answer left me feeling like hanged on a wall. And then I took my granddaughter to eat ice cream and we laughed together, however I kept thinking that the happiness of the old woman was a motivating act of sadness of a small girl.

I've always suspected that happiness is different for every human being, that happiness is a temporary achievement of each person, an achievement that generates happy memories as opposite to facts that produce bitter or painful memories. Actually, I think that sooner or later everyone holds that suspicion. The happy memories serve to resist and continue looking, smelling, hearing, walking, tasting and feeling life.

However, I have never spent time thinking or to investigate whether the suspicion that I have regarding happiness plunges its anchor in the muddy bottom of truths. Maybe because everything that comes to me seems inevitable and therefore I live sadness and cheerfulness as if it were a profession: it is a must to continue doing it.

However, there are people dedicated to think and meditate on topics such as happiness and often reach knowledge that becomes helpful to others and an useful guide for anyone trying to orientate in a storm. One such person is the author Reinaldo Rodríguez Anzola, who has published several books on philosophical subjects or the exercise of thought.

His book "Reasons to be happy How to achieve it", Is the one you read faster and more pleasantly because its hundred reasons are encapsulated in a hundred short and agile paragraphs, highly effective communicationally talking. Reinaldo says, for example: "Being happy helps make life nobler and more beautiful. Faced with the sacredness of life everything subordinates."

Perhaps the reader may argue, "Okay, but how can I be happy?" Because happiness is not obtained by simply decision. And Reinaldo says: "We confuse happiness with joy, and with the absence of ugliness of life. Happiness is accepting life as it is, with its share of pain, stupidity, horror, cruelty and uncertainty." This, undoubtedly, is a good point to his favor. "Happiness is not an end by itself, it comes spontaneously from the sense of wonder towards nature." In any case, I think Reinaldo could well include a fragment of the poetry of Walt Whitman, the great poet of Long Island, for his book to be perfect:

"You shall not longer, take things at
second or third hand, nor look
through the eyes of the dead, nor feed
on the spectra in books,
You shall no look through my eyes
either, nor take things from me,
You shall listen to all sides and filter
them from your self.

I have heard what the talkers were
talking, the talk of the beginnings and
the end,
But I do not talk of the beginning or the
end.

There was never any more inception
than there is now, Nor any more youth
or age than there is now,
And will never be any more perfection
than there is now,
Nor any more heaven or hell than there
is now.
Urge and urge and urge,

Always the procreant urge of de world."

I confess that writing about Reinaldo´s
book and complete the brief writing by
invoking Whitman, made me feel
something that could be identified as
happiness. When you age, the joys are of
the spirit.
José Pulido

Reinaldo und das Glück

Vor einiger Zeit besuchte ich mit meiner Enkelin einen Tierladen, wo wir eine alte Dame beobachteten, die zwar elegant, aber nach der Mode der 60er Jahre gekleidet war. Sie trug ein Kleid aus gutem Stoff, das am Hals und an einem Ärmel ausgefranst war. Aus ihrem Gesicht und ihren Gesten konnte man sehen, daß sie in ihrer Jugend sicherlich eine schöne Frau gewesen war: Spuren davon waren noch zu sehen. Sie befand sich in einem Zustand kindlicher Glückseligkeit.

Ihre langen, zittrigen Händen strichen über die Stäbe eines Käfigs und sie sprach auf ein Paar Wellensittiche ein, als ob es sich um alte Bekannte handelte, die ihre liebkosenden Sätze auf Spanisch verstehen würden. Sicherlich hatte sie hart auf die Wellensittiche gewartet, denn als der Angestellte den Käfig herunterholte und sagte: "Diese sind erst vor kurzem angekommen" nahm ihre Aufregung zu.

Meine dreijährige Enkelin zog mich am Hosenbein und sagte: "Gehen wir bitte Opa"! Jedoch bevor ich ihren Wunsch erfüllen konnte, fing sie zu weinen an und ich war gezwungen, sie aus dem Laden zu tragen, als ob sie dort ersticken würde. Ich fragte sie, was los sei, und sie antwortete: "Ich bin traurig, weil die Vögel im Park frei fliegen, diese das aber nicht dürfen".

Diese Antwort schockierte mich. Und während ich mit meiner Enkelin ein Eis essen ging und wir uns zusammen vergnügten, mußte ich dauernd daran denken, dass das Glück der alten Dame für ein Kind einen Grund zum Traurigsein darstellte.

Ich habe immer vermutet, daß das Glück für jeden Menschen etwas Anderes bedeutet, daß es für den Einzelnen ein vorübergehendes Ziel darstellt, das schöne Erinnerungen hervorruft, im Gegensatz zu Ereignissen, die bittere oder schmerzhafte Erinnerungen wecken. Ich glaube, früher oder später kommt jedem dieser Verdacht. Glückliche Erinnerungen sind notwendig zum Ertragen und zum Weitersuchen, zum Riechen, Hören, Laufen, Probieren und Fühlen des Lebens.

Ich habe allerdings nie daran gedacht oder erforscht, ob dieser Verdacht bezüglich des Glücks nicht seine Wurzeln in der unergründlichen Tiefe der Wahrheit hat. Wahrscheinlich weil alles, was auf uns zukommt, unvermeidlich ist. Daher lebe ich das Traurige und Fröhliche gleichermaßen, als ob es sich um eine Pflicht handelte: eine Pflicht, die ich erfüllen muss.

Es gibt jedoch Menschen, die über Themen wie Glück nachdenken und meditieren. Oft erlangen sie Kenntnisse, die für andere eine Hilfe darstellen, eine nützliche Hilfe für jene, die versuchen, sich im Sturm des Lebens zurechtzufinden. Eine dieser Personen ist Reinaldo Rodriguez Anzola, der mehrere Bücher über philosophische Themen oder Gedankenübungen geschrieben hat.

Sein Buch "Gründe zum Glücklichsein. Wie erreicht man das?" ist eine angenehme und leichte Lektüre, in der er in hundert kurzen und prägnanten Sätzen hundert Gründe nennt, die dies wirkungsvoll ausdrücken.

Reinaldo sagt zum Beispiel:

"Glücklichsein trägt dazu bei, das Leben edler und schöner zu gestalten. Alles ist der Heiligkeit des Lebens untergeordnet".

Vielleicht könnte man erwidern: "Das mag wahr sein, jedoch: Wie werde ich glücklich?", denn das Glück ist nicht so einfach zu erreichen.

Und Reinaldo sagt:

"Wir verwechseln Glück mit Fröhlichkeit und mit der Abwesenheit der häßlichen Seiten des Lebens. Glück heißt, das Leben so zu nehmen, wie es ist, mit seinem Anteil an Schmerz, Dummheit, Schrecken und Unsicherheit." Dies ist ohne Zweifel ein gutes Argument."

"Glück ist nicht ein Ziel an sich, sondern es wurzelt in der Fähigkeit, der Natur gegenüber Staunen zu empfinden."

Auf jeden Fall denke ich, dass Reinaldo das Fragment eines Gedichts von Walt Whitman, dem großen Dichter von Long Island hätte einschließen können, um sein Buch noch überzeugender zu gestalten:

"Du sollst die Dinge nicht mehr aus zweiter oder dritter Hand nehmen, auch nicht durch die Augen der Toten sehen, und dich nicht nähren von den Gespenstern in Büchern;

Du sollst auch nicht mit meinen Augen sehen, noch die Dinge von mir empfangen,

Du sollst horchen nach allen Seiten und sie alle durch dich selbst filtrieren!

Ich hörte die Schwätzer schwatzen vom Anfang und vom Ende,

Aber ich rede nicht vom Anfang oder vom Ende.

Nie war mehr Anfang als jetzt,

Nie mehr Jugend oder mehr Alter als jetzt,

Nie wird es mehr Vollkommenheit geben als jetzt,

Oder mehr Himmel und Hölle als jetzt.

Drängen und Drängen und Drängen

Immer der zeugende Drang der Welt."

Ich muß zugeben, daß ich so etwas wie Glück verspürt habe, über Reinaldo's Büchlein zu schreiben und mit dem Auszug eines Gedichts von Whitman zu schließen. Wenn man älter wird hat das Glück im Geist seinen Ursprung.
José Pulido.

Reinaldo e la felicità

Qualche tempo fa sono entrato con la mia nipotina in un negozio che vende cibo per animali e ho visto un'anziana vestita con l'eleganza di certi vestiti di moda negli anni sessanta. Portava un abito di sartoria, di buona stoffa, anche se un pò consunto nel collo e in una delle maniche. Senza dubbio era stata una bella signora: il suo viso e i suoi gesti mostravano tutt'ora segni di bellezza e di fascino. Certo è, che si trovava in uno stato di felicità che la faceva apparire una bambina.

Con le sue mani lunghe e tremolanti accarezzava le sbarre di una gabbia e parlava con dei pappagallini australiani come se li conoscesse da tanto e come se questi capissero le sue parole affettuose in spagnolo. Chissà, aveva aspettato con ansia il momento di portarsi via quei pappagallini, perchè la sua emozione aumentava man mano che l'impiegato staccava la gabbia e le diceva "questi sono arrivati da poco".

La mia nipotina di tre anni mi tirava per la gamba dei pantaloni e mi diceva: "Andiamo via nonno" e prima che potessi soddisfare il suo desiderio ed uscire, si mise a piangere e dovetti prenderla in braccio, come se in quel negozio mancasse l'aria e il futuro. Le chiesi cos' era accaduto e lei mi rispose: "Sono triste perchè nel parco gli uccellini volano e questi qui non possono volare."

Questa risposta mi lasciò di stucco. E benchè portassi la mia nipotina a mangiare un gelato e si ridesse insieme, rimasi a pensare che la felicità di quella signora anziana era motivo di tristezza per una bambina.

Ho sempre sospettato che la felicità fosse distinta per ogni essere umano, che fosse un successo transitorio per ognuno di noi, un successo che genera ricordi piacevoli, al contrario dei fatti che provocano ricordi amari o dolorosi. In realtà penso che prima o poi tutti abbiano questo sospetto. I ricordi piacevoli servono per resistere e per continuare a guardare, odorare, ascoltare, camminare, provare e sentire la vita.

Tuttavia, non mi sono mai dedicato a pensare né a investigare se questo sospetto che ho rispetto alla felicità affondi le sue radici nella verità. Chissà, perchè tutto quel che succede mi sembra inevitabile e per questo vivo il triste e l'allegro come se si trattasse di un dovere: è necessario continuare a farlo.

Ciò nonostante, esistono persone che si dedicano a pensare e a meditare su temi come quello della felicità e spesso arrivano a conoscimenti che si convertono in aiuto per gli altri, in guide utili per chi cerca di orientarsi in mezzo a una tempesta.

Una di questa persone è l'autore Reinaldo Rodríguez Anzola, che ha già pubblicato vari libri relazionati con temi filosofici o con l'esercizio del pensiero.

Il suo libro "Ragioni per essere felici. Come riuscirci!", è quello che si legge più rapidamente, perchè le sue cento ragioni sono piacevolmente contenute in cento paragrafi brevi e concisi, molto efficaci a livello comunicativo.

Reinaldo dice per esempio:

"Essere felici contribuisce a che la vita sia più nobile e bella. Di fronte alla sacralità della esistenza tutto si subordina."

E chissà il lettore potrebbe controbattere: "Va bene, però come faccio per essere felice?" E che la felicità non si raggiunge soltanto decidendo così.

E Reinaldo dice:

"Confondiamo felicità con allegria e con l'assenza del brutto nella vita. Felicità è accettare la vita com'è, con la sua quota di dolore, di stupidità, di orrore e incertezza". Questo è, senza dubbio, un buon punto a suo favore.

"La felicità non è fine a se stessa, sorge spontaneamente dalla capacità di stupirsi davanti alla natura."

In ogni caso, penso che Reinaldo potrebbe includere un frammento di una poesia di Walt Whitman, il grande poeta di Long Island, per rendere perfetto il suo libro:

"Non prenderai più le cose di seconda o terza

mano, nè guarderai con gli occhi dei morti,

nè ti nutrirai di fantasmi libreschi,

e neppure vedrai attraverso i miei occhi

o prenderai le cose da me,

ascolterai da ogni parte e le filtrerai

da te stesso.

Ho udito ciò che i parlatori dicevano, il discorso

del principio e della fine,

ma io non parlo del principio o della fine.

Non ci fu mai più inizio di quanto ce n'è ora,

ne più gioventù o vecchiaia di quanta ce n'è ora,

ne vi sarà più perfezione di quanta ce n'è ora,

ne più cielo o più inferno di quanto ce n'è ora.

Urgere, urgere, urgere,

sempre l'urgere procreante del mondo."

Confesso che esprimere qualche riflessione sul libro di Reinaldo e concludere questo prologo citando Whitman, mi ha fatto sentire qualcosa che si potrebbe identificare con la felicità. Con l'età la felicità diventa dello spirito.

José Pulido

Prefácio

Existem livros curtos que, para entendê-los
como merecem, é necessária uma vida
muito longa.
Francisco de Quevedo

Epígrafe

Hay libros cortos que, para entenderlos
como se merecen, se necesita una vida
muy larga.
Francisco de Quevedo

Preface

There are short books to understand as
they deserve, a long life is required.
Francisco de Quevedo

Epigraph

Es gibt kurze Bücher, für deren
Verständnis ein langes Leben
erforderlich ist.
Francisco de Quevedo

Epigrafe

Ci sono libri brevi che per capirli
come se lo meritano c'è bisogno di
una vita molto lunga.
Francisco de Quevedo

RAZÕES PARA ESTAR FELIZ

-1-

Einstein:
Ser feliz contribui para tornar a vida mais nobre e bonita. Perante a sacralidade da existência, tudo é subordinado.

Ser feliz contribuye a que la vida sea más noble y hermosa. Ante lo sagrado de la existencia todo se subordina.

Being happy helps to make life more noble and beautiful. Faced with the sacredness of the existence, everything subordinates.

Glücklichsein trägt dazu bei, das Leben edler und schöner zu gestalten. Alles ist der Heiligkeit des Lebens untergeordnet.

Essere felice contribuisce a rendere la vita più nobile e bella. Tutto è subordinato alla sacralità dell'esistenza.

Confundimos felicidade com alegria, e com a ausência do feio da vida. A felicidade é aceitar a vida como é, com a sua quota-parte de dor, estupidez, horror, crueldade e incerteza.

Confundimos felicidad con alegría, y con la ausencia de lo feo de la vida. Felicidad es aceptar la vida como es, con su cuota de dolor, estupidez, horror, crueldad e incertidumbre.

We confuse happiness with joy, and with the absence of ugliness of life. Happiness is accepting life as it is, with its share of pain, stupidity, horror, cruelty and uncertainty.

Wir verwechseln Glück mit Fröhlichkeit und mit der Abwesenheit der häßlichen Seiten des Lebens. Glück heißt, das Leben so zu akzeptieren wie es ist, mit seinem Anteil an Schmerz, Dummheit, Schrecken und Unsicherheit.

Confondiamo felicità con allegria e con la mancanza delle cose brutte nella vita. Felicità è accettare la vita com'è, con la sua parte di dolore, stupidità, orrore, crudeltà e incertezza.

-3-

A felicidade não é um fim em si mesma, surge espontaneamente da capacidade de se maravilhar diante da natureza.

La felicidad no es un fin en sí misma, ella surge espontáneamente de la capacidad de asombro frente a la naturaleza.

Happiness is not an end by itself, it comes spontaneously from the sense of wonder towards nature.

Glück ist nicht ein Ziel an sich, es entsteht spontan durch das Staunen, das wir der Natur gegenüber empfinden.

La felicità non è fine a se stessa, nasce spontaneamente dalla capacità di stupirsi davanti alla natura.

-4-

A felicidade está no amor das
pessoas, nos animais, nas plantas e
nas estrelas. Assim, toda a alegria
será a nossa alegria e toda a dor
nossa dor.

La felicidad está en el amor de la
gente, en los animales, en las plantas
y en las estrellas. Así toda la alegría
será nuestra alegría y todo dolor
nuestro dolor.

Being is enough to compensate all
the pains of living.

Die bloße Tatsache unserer Existenz
reicht, den Schmerz des Lebens
wettzumachen.

Il solo fatto di "essere" basta per
compensare le pene della vita.

-5-

O simples fato de ser é suficiente
para compensar as dores de viver.

El solo hecho de ser basta para
compensar las penas del vivir.

Being is enough to compensate all
the pains of living.

Die bloße Tatsache unserer Existenz
reicht, den Schmerz des Lebens
wettzumachen.

Il solo fatto di "essere" basta per
compensare le pene della vita.

-6-

Ser feliz é aproveitar a vida inteira.
Daí vem a alegria de acompanhar
nossa existência.

Ser feliz es disfrutar de la totalidad
de la vida. De allí surge la alegría
para acompañar nuestra existencia.

Being happy is to enjoy the totality of
life. Hence arises the joy to
accompany our existence.

Glücklichsein heißt, das Leben in
seiner Gesamtheit zu genießen.
Daraus entsteht die Freude, die
unsere Existenz begleitet.

Essere felici vuol dire godersi la vita
nel suo insieme. Da ciò scaturisce
l'allegria per accompagnare la nostra
esistenza.

-7-

Ser uma testemunha de si mesmo e estar num mundo não-duplo é a experiência espiritual indispensável para aproveitar a vida.

Ser testigo de ti mismo y estar en un mundo no-dual es la experiencia espiritual indispensable para disfrutar la vida.

Witnessing yourself in a nondual world is essential to enjoy life´s spiritual experience.

Zeuge deiner selbst zu sein und in einer nicht dualen Welt zu leben ist eine unentbehrliche Erfahrung, um das Leben zu genießen.

Essere testimone di se stesso e vivere in un mondo non duale è l'esperienza spirituale indispensabile per godersi la vita.

Somos condicionados por forças que estão além de nós, das quais fazemos parte, e isso é extraordinário e misterioso.

Nos condicionan fuerzas que están más allá de nosotros, de las cuales formamos parte, y ello resulta extraordinario y misterioso.

We are conditioned by forces that are beyond us, from which we are part of, and this is extraordinary and mysterious.

Wir werden von Kräften beeinflußt, die sich außerhalb unserer Möglichkeiten befinden, zu denen wir aber gehören; das ist außergewöhnlich und geheimnisvoll.

Ci condizionano forze che ci oltrepassano, delle quali siamo parte, e questo è straordinario e misterioso.

-9-

Se estamos condicionados, por que nos levar a sério, por que não ver a vida com humor?

Si estamos condicionados, por qué tomarnos en serio a nosotros mismos, ¿por qué no ver la vida con humor?

If we are conditioned, why take ourselves seriously, why not look at life with humor?

Warum nehmen wir uns selbst so ernst, wenn wir so beeinflußt sind? Warum betrachten wir das Leben nicht mit Humor?

Se siamo condizionati, perchè prenderci sul serio. Perchè non vedere la vita con umorismo?

-10-

Ninguém sabe o que é a vida ou seu significado, se é que o tem. Ninguém sabe de onde viemos ou para onde vamos e, portanto, não há conhecimento para ser feliz.

Nadie sabe qué es la vida ni su sentido, si lo tiene. Nadie sabe de dónde venimos ni a dónde vamos y, por consiguiente, no hay ningún conocimiento para ser feliz.

Nobody knows what life is and its meaning, if it has one. Nobody knows where we come from and where we are going. Therefore there is not any knowledge for being happy.

Niemand kennt das Leben und seinen Sinn, falls es einen gibt. Niemand weiß, woher wir kommen und wohin wir gehen. Es gibt kein Wissen, das uns hilft glücklich zu sein.

Nessuno sa cos'è la vita nè il suo senso, sempreche ci sia. Nessuno sa da dove veniamo e dove andiamo e, di conseguenza, non esiste alcun conoscimento per essere felice.

-11-

A nossa ignorância resgata a capacidade de maravilhar-se. Se a vida é um enigma, vamos vivê-la como ela é: um mistério maravilhoso.

Nuestra ignorancia rescata la capacidad de asombro. Si la vida es enigma, vivámosla como es: un misterio maravilloso.

Our ignorance rescues the ability to wonder at the marvels of life. If life is an enigma, lets live it like it is: a wonderful mystery.

Unsere Unwissenheit bewahrt unsere Fähigkeit zum Staunen. Ist das Leben ein Rätsel, leben wir es so wie es ist: ein wunderbares Geheimnis.

La nostra ignoranza riscatta la capacità di stupirci. Se la vita è un enigma, viviamola com'è: un mistero meraviglioso.

-12-

A humildade aponta o caminho para viver e investigar o mistério da vida.

La humildad señala el camino para vivir e indagar el misterio de la vida.

Humility shows the way to live and investigate the mystery of life.

Demut zeigt uns den Weg zum Leben und zur Erforschung des Geheimnisses des Lebens.

L'umiltà indica il cammino per vivere e per indagare sul mistero della vita.

-13-

Não há ser humano que não esteja condicionado, nem os sábios e esclarecidos podem sair completamente dos seus genes e circunstâncias. Saber disso é libertador.

No existe ser humano que no esté condicionado, ni los sabios e iluminados pueden salirse por completo de sus genes y circunstancias. Saberlo es liberador.

There is no human being who is not conditioned, nor the wise or the enlightened can completely come out from their genes and circumstances. Knowing that is liberating.

Es gibt keinen Menschen, der nicht beeinflußt ist; weder Weise noch Erleuchtete können sich vollständig von ihren Genen und den Umständen lösen. Diese Erkenntnis wirkt befreiend.

Non esiste un essere umano che non sia condizionato; nemmeno i saggi e gli illuminati riescono ad evadere completamente i loro geni e le circostanze. Sapere ciò è liberatorio.

-14-

A verdade é o que existe, é a chamada realidade. Portanto, para aceder à realidade e à verdade, tudo o que você precisa é perceber diretamente, sem pensar.

La verdad es lo que existe, es la llamada realidad. Por eso, para acceder a la realidad y a la verdad lo único que necesitas es percibir directamente, sin pensar.

Truth is what exists, it is what you call reality. Therefore, to access the reality and truth, what you need is to perceive directly, without thinking.

Wahrheit ist das was existiert, die sogenannte Realität. Um Zugang zur Realität und Wahrheit zu finden, muß man direkt wahrnehmen, ohne zu denken.

La verità è ciò che esiste, ossia la cosiddetta realtà. Pertanto, per accedere alla realtà e alla verità, l'unica cosa di cui hai bisogno è percepire direttamente, senza pensare.

-15-

Para amar e se aproximar da vida, o pensamento deve ser transcendido. Para isso é preciso estar alerta, sem julgar.

Para amar y acercarse a la vida, se debe trascender el pensamiento. Para ello es necesario estar alerta, sin juzgar.

To love and approach life, one must transcend thought. This requires alertness, without judging.

Um zu lieben und sich dem Leben zu nähern, muß das Denken überwunden werden. Dazu ist Aufmerksamkeit erforderlich, ohne zu urteilen.

Per amare e per avvicinarsi alla vita occorre trascendere il pensiero. Ci si arriva stando allerta, senza giudicare.

-16-

Perceber, sem julgar, sem se identificar com nenhuma ideia, é libertador: não há pensador. Lá, em O-que-é, não há problemas, não há mistério, não há ninguém para se questionar.

Percibir, sin juzgar, sin identificarse con ninguna idea, es liberador: no hay pensador. Allí, en Lo-Que-Es, no hay problemas, no hay misterio, no hay nadie que se interrogue.

Perceive, without judging, without self identification with an idea, is liberating: there on What-It-Is, there are not problems, there are not mysteries, there is not a thinker. No one is being interrogated.

Wahrnehmen, ohne zu urteilen, ohne sich mit einer bestimmten Idee zu identifizieren, wirkt befreiend: es gibt keinen Denker. Dort, in Dem-Was-Ist, gibt es keine Probleme, keine Geheimnisse, niemand stellt Fragen.

Percepire senza giudicare e senza identificarsi con nessuna idea è liberatorio: non esiste il pensatore. Lì, in Ciò-Che-E', non esistono problemi, non c'è mistero, non c'è nessuno che s' interroga.

-17-

Sem pensar há felicidade. Felicidade e infelicidade são conceitos criados pela mente.

Sin pensar hay felicidad. La felicidad y la infelicidad son conceptos creados por la mente.

Real happiness is without thinking. Happiness and unhappiness are concepts created by the mind.

Ohne Denken erreichen wir das Glück. Glück und Unglück sind Konzepte, die von unserem Geist geprägt sind.

Senza pensare c'è felicità. La felicità e l'infelicità sono concetti creati dalla mente.

-18-

Fora da mente não há felicidade ou infelicidade, mas a pessoa ainda está viva e, para descrever o que acontece quando o pensamento cessa, é preciso usar palavras: uma certa paz, uma certa felicidade.

Fuera de la mente no hay felicidad ni infelicidad, pero se sigue vivo y, para describir lo que pasa cuando el pensamiento cesa, hay que usar palabras: cierta paz, cierta felicidad.

Out of mind there is no happiness or unhappiness but one is still alive and to describe what happens when thought ceases, we must use words: certain peace, certain happiness.

Glück oder Unglück gibt es nur in unserer Gedankenwelt. Wir leben auch ohne Gedanken und sobald wir aufhören zu denken, erreichen wir eine gewisse Ruhe, ein gewisses Glück.

Fuori dalla mente non esiste felicità nè infelicità, ma si rimane vivi e per scoprire quel che succede quando il pensiero finisce occorre usare parole: una certa pace, una certa felicità.

-19-

Obviamente, alegria, paz, felicidade,
são conceitos não aplicáveis à
natureza. No entanto, uma rosa
transmite serenidade e algo mais.

Obviamente, alegría, paz, felicidad,
son conceptos no aplicables a la
naturaleza. Sin embargo, una rosa
trasmite serenidad y algo más.

Obviously, joy, peace and happiness
are not concepts applicable to the
nature, however a rose transmits
serenity and something more.

Selbstverständlich sind Freude,
Friede und Glück keine Konzepte, die
auf die Natur zutreffen. Trotzdem
kann eine Rose Frohsinn und
anderes mehr vermitteln.

Ovviamente, allegria, pace, felicità,
sono concetti non riconducibili alla
natura. Una rosa può comunque
trasmettere serenità e qualcos'altro.

-20-

Sem pensamento há paz, porque só existe a totalidade da vida. Sem perguntas ou problemas.

Sin pensamiento hay paz, porque solo está la totalidad de la vida. Sin preguntas ni problemas.

Without thinking you sense peace, because it is only the totality of life. Without questions or problems.

Ohne Gedanken gibt es Ruhe, da es nur um die Gesamtheit des Lebens geht: ohne Fragen gibt es keine Probleme.

Senza pensiero c'è pace, perchè esiste solo la totalità della vita. Senza domande nè problemi.

-21-

A vida é inerentemente alegre, se
você duvida, olhe para uma criança.

La vida es intrínsecamente alegre, si
lo dudas, mira a un niño.

Life is inherently happy, if you doubt
it, look at a child.

Das Leben ist von Natur aus fröhlich;
falls du daran zweifelst, beobachte
ein Kind. .

La vita è intrinsecamente allegra; se
dubiti, osserva un bambino.

-22-

Se percebermos que ninguém sabe o que
é felicidade, e que nem tem nem terá as
respostas para os arcanos da vida e da
morte, paramos de buscar a felicidade por
meio do conhecimento.

Si nos percatamos de que nadie sabe qué
es la felicidad, y que tampoco nadie tiene
o tendrá las respuestas a los arcanos de
la vida y la muerte, dejamos de buscar la
felicidad a través del conocimiento.

If we realize that nobody knows what
happiness is, and that no one has or will
have the answers to the mysteries of life
and death, we must stop seeking
happiness through knowledge.

Sobald wir erkennen, dass niemand weiß
was Glück ist und niemand Antworten
auf die Geheimnisse des Lebens und des
Todes hat, laß uns vergessen, Glück
durch Erkenntnis zu suchen.

Se ci rendiamo conto che nessuno sa
cos'è la felicità e che nessuno ha o avrà le
risposte ai misteri della vita e della morte,
abbandoneremo la ricerca della felicità
attraverso il conoscimento.

-23-

Vendo o que não somos, observando as condições, sai-se da prisão do pensamento e simplesmente somos.

Viendo lo que no somos, observando los condicionamientos, se sale de la prisión del pensamiento y, simplemente, somos.

Seeing what we are not, observing how we are conditioned, we come out from the prision of the mind and we, simply, are.

Die Erkenntnis dessen, was wir nicht sind, sowie der Zwänge denen wir unterliegen, hilft uns dem Gefängnis des Gedankens zu entfliehen und einfach das zu sein, was wir sind.

Vedendo quello che non siamo, osservando i condizionamenti, usciamo dalla prigione del pensiero e, semplicemente, siamo.

-24-

Observando O-Que-É, O-Que-Nós somos, experimenta-se a totalidade da vida, toma-se consciência de ser um com o Universo.

Observando Lo-Que-Es, Lo-Que-Somos, se vivencia la totalidad de la vida, se toma conciencia de ser uno con el Universo.

Looking at What-It-Is, looking at What-We-Are, we are aware of the totality of life, we have conscience of being one with the Universe.

Das-Was-Ist und Das-was-wir-Sind zu betrachten, hilft uns, das Leben in seiner Gesamtheit zu erfassen, im Bewußtsein, daß wir ein Teil des Universum sind.

Osservando Ciò-Che-E', Ciò-Che-Siamo, si sperimenta la totalità della vita, si prende coscienza di essere tutt'uno con l'Universo.

-25-

A realidade e a verdade estão em nós:
somos realidade e verdade, somos vida,
somos Tudo, porque somos uma
manifestação da totalidade da vida, onde
está a alegria de viver.

La realidad y la verdad están en nosotros:
somos realidad y verdad, somos vida,
somos Todo, porque somos una
manifestación de la totalidad de la vida,
en donde está la alegría de vivir.

Reality and truth are within ourselves: we
are reality and truth, we are life, we are
everything because we are a
manifestation of the totality of life, where
the joy of living is.

Die Realität und die Wahrheit sind in
uns: wir sind die Realität und die
Wahrheit, wir sind das Leben, wir sind
Alles; denn wir sind der Ausdruck der
Totalität des Lebens, in der die
Lebensfreude ihre Wurzeln hat.

La realtà e la verità stanno dentro di
noi: noi siamo realtà e verità, siamo
vita, siamo Tutto, perchè siamo
un'espressione della totalità della vita,
dove radica l'allegria di vivere.

O absoluto ou infinito é um enigma, e é o mais presente. Sem pensar, ele se desfaz, sem intermediários, o segredo final de tudo.

Lo absoluto o infinito es enigma, y es lo más presente. Sin pensamiento se desvela, sin intermediarios, el secreto último de todo.

The absolute or infinite is enigma, but it is present and it is in front of us. No thought is revealed, without intermediaries, the ultimate secret of all.

Das Absolute und Grenzenlose ist ein Geheimnis, das überall vorhanden ist. Ohne Gedanken kommt es zum Vorschein, ohne Vermittler, das letzte Geheimnis von allen.

L'assoluto o l'infinito è un enigma, ed è quello più presente. Senza pensiero si scopre, senza intermediari, l'ultimo segreto di tutto.

-27-

Na consciência está a presença inevitável do mistério. Se deixarmos de nos considerarmos uma medida da verdade, o mistério torna-se presente na vida quotidiana.

En la conciencia está la presencia insoslayable del misterio. Si dejamos de tomarnos a nosotros mismos como medida de la verdad, el misterio se hace presente en la vida cotidiana.

The conscience is the unavoidable presence of mystery. If we stop taking ourselves as a measure of truth, the mystery is present in everyday life.

Im Gewissen steckt die unvermeidliche Gegenwart des Geheimnisses. Sobald wir aufhören, uns selbst als Maß der Wahrheit zu sehen, offenbart sich das Geheimnis im täglichen Leben.

Nella coscienza si trova la presenza ineludibile del mistero. Rinunciando a considerare noi stessi come misura della verità, il mistero apparirà nella vita quotidiana.

-28-

A sabedoria e a felicidade estão além
da mente, elas estão no que é.
Verdade, sabedoria e felicidade são o
caminho e não a meta.

La sabiduría y la felicidad están más
allá de la mente, están en Lo-Que-Es.
La verdad, sabiduría y felicidad son
el camino y no la meta.

Wisdom and happiness are beyond
the mind, they are in That-Is. Truth,
wisdom and happiness are the way
and not the goal.

Die Weisheit und das Glück reichen
weiter als der Verstand; sie befinden
sich in Dem-Was-Ist. Die Wahrheit,
Weisheit und das Glück sind der Weg
und nicht das Ziel.

La saggezza e la felicità oltrepassano
la mente, stanno in Ciò-Che-E'. La
verità, la saggezza e la felicità sono il
percorso e non la meta.

-29-

Existem segredos para saber se você está no caminho certo. Sabedoria e felicidade caminham juntas. A sabedoria está ao lado da alegria, paz interior, amor, ação, vida, que são componentes da felicidade.

Hay claves para saber si se está en el camino correcto. La sabiduría y la felicidad van juntas. La sabiduría está al lado del gozo, de la paz interior, del amor, de la acción, de la vida, que son componentes de la felicidad.

There are clues to know if we are in the right route. Wisdom and happiness going together. Wisdom is in the same side of joy, interior peace, love, action, life, which are inside of happiness.

Es gibt Hinweise um zu erkennen, ob wir uns auf dem richtigen Weg befinden. Weisheit und Glück gehören zusammen. Weisheit gehört zur Freude, zum inneren Frieden, zur Liebe und zur Tat, zum Leben; alle sind Bestandteile des Glücks.

Esistono segnali per capire se stiamo sulla via giusta. La saggezza e la felicità vanno insieme. La saggezza sta dalla parte del piacere, della pace interiore, dell'amore, dell'azione, della vita, in quanto sono componenti della felicità.

-30-

Para ser feliz, você só precisa acordar para a vida. Lembre-se de Heráclito: "Os homens, como são todos, acordados estão dormindo."

Para ser feliz lo único que se necesita es despertar ante la vida. Recordar a Heráclito: "Los hombres, como son todos, despiertos están dormidos".

To be happy is necessary to awaken to life. Remember Heraclitus: "Men, as all are, awake are asleep".

Zum Glücklichsein müssen wir uns dem Leben gegenüber öffnen. Denken wir daran was Heraklit sagt: "Auch wenn die Menschen wach sind, schlafen sie doch."

Per essere felici occorre unicamente svegliarsi di fronte alla vita. Ricordiamoci di Eraclito: "Agli uomini, svegli, siamo dormendo".

-31-

Tudo o que dá alegria é bom, disse Baruch Espinoza. E a unidade que é revelada a partir do despertar da consciência beneficia a todos nós. Ver-nos separados leva a diferenças e conflitos.

Todo lo que da gozo es bueno, decía Baruch Espinoza. Y la unidad que se revela del despertar de la conciencia, nos beneficia a todos. El vernos separados conduce a diferencias y conflictos.

Everything that gives you joy is good, Baruch Spinoza used to say. And the union which revels the awaking of the conscience is good for everybody. Finding ourselves going opposite ways originates differences and conflits.

Alles, was Freude bereitet, ist gut, sagte Baruch Spinoza. Und die Einheit, die sich durch das Erwachen des Bewußtseins zeigt, ist für alle von Nutzen. Die Trennung hingegen führt zu Unterschieden und Konflikten.

Tutto quello che da soddisfazione è buono, diceva Baruch Spinoza. E l'unità che ci rivela il risveglio della coscienza trae beneficio a tutti. Il fatto di vederci separati porta a differenze e conflitti.

-32-

Para ser feliz, basta a própria vida, viver. Nada o impede de aproveitar a vida.

Para ser feliz, la vida misma, el vivir, es suficiente. Nada impide disfrutar la vida.

To be happy, life itself is sufficient. Nothing prevents to enjoy life.

Leben genügt um glücklich zu sein. Nichts hindert uns daran, das Leben zu genießen.

Per essere felici la vita stessa è sufficiente. Nulla ci impedisce di godere la vita.

-33-

A felicidade está no que é e o que é em você, você é "Aquilo".

La felicidad está en Lo-Que-Es y Lo-Que-Es está en ti, eres "Eso".

Happiness is in What-It-Is and What-That-Is, is in you, you are "that".

Das Glück ist in Dem-Was-Ist und Das-Was-Ist steckt in uns, wir sind "Das".

La felicità sta in Ciò-Che–E' e Ciò-Che-E' sta in te, tu sei "Questo".

-34-

Você não precisa fazer nada para ser feliz, apenas aceite a vida.

No hay que hacer nada para ser feliz, basta con aceptar la vida.

No need to do anything to be happy, just accept life.

Wir brauchen nichts zu tun, um glücklich zu sein; es genügt, das Leben zu akzeptieren.

Non occorre far nulla per essere felice, basta accettare la vita.

-35-

Já somos tudo o que podemos ser.

Ya somos todo lo que podemos ser.

We are all we can be.

Wir sind bereits alles, was wir sein können.

Noi siamo già tutto quello che possiamo essere.

-36-

Para ser feliz você só precisa acordar para a felicidade que existe na vida.

Para ser feliz sólo se necesita despertar a la felicidad que está en la vida.

To be happy you only need to wake up happiness that is in life.

Zum Glücklichsein brauchen wir nur das Glück zu erkennen, das im Leben steckt.

Per essere felice occorre unicamente svegliare la felicità che c'è nella vita.

-37-

O verdadeiro Eu está sempre feliz.

El verdadero Yo siempre está feliz.

The true self is always happy.

Das wahre Ich ist immer glücklich.

Il vero Io è sempre felice.

-38-

A vida surpreende e fascina. Acordar para a vida é cheio de alegria.

La vida sorprende y fascina. Despertar a la vida colma de gozo.

Life amazes and fascinates. Awakening to life fills with joy.

Das Leben ist voller Überraschungen und Faszination. Zum Leben erwachen erfüllt uns mit Freude.

La vita sorprende e affascina. Svegliare la vita ci riempie di piacere.

-39-

A alegria é imanente à vida e, portanto, a felicidade é iminente.

El gozo es inmanente a la vida y por eso la felicidad es inminente.

Joy is immanent to life and that´s why happiness is imminent.

Genießen gehört zum Leben; daher ist das Glück unmittelbar.

Il piacere è immanente alla vita e per questo motivo la felicità è imminente.

-40-

O pensamento transforma a felicidade em caricatura.

El pensamiento convierte la felicidad en caricatura.

The thought turns happiness into caricature.

Der Gedanke verwandelt das Glück in eine Karikatur.

Il pensiero trasforma la felicità in caricatura.

-41-

Existindo, você tem acesso às maravilhas da vida.

Al existir se tiene acceso a las maravillas de la vida.

We have access to wonders of life just by living.

Unsere Existenz ermöglicht uns den Zutritt zu den Freuden des Lebens.

Esistendo abbiamo accesso alle meraviglie della vita.

-42-

A felicidade é inerente ao animal que somos.

La felicidad es consustancial con el animal que somos.

Happiness is being with the animal we are.

Das Glück geht Hand in Hand mit dem Tier in uns.

La felicità è consustanziale all'animale che siamo.

-43-

A vida é um caso de amor.

La vida es una aventura amorosa.

Life is an affair.

Das Leben ist ein Liebesabenteuer.

La vita è un'avventura amorosa.

-44-

Vamos viver a alegria que somos!

¡Vivamos la alegría que somos!

Lets live the joy of being!

Laß uns die Freude ausleben, die in uns ist!

Viviamo l'allegria che siamo!

-45-

Para o prazer de viver, o pensamento
é supérfluo.

Para el goce del vivir, el pensamiento
sobra.

To live with pleasure, thinking is a
leftover.

Um das Leben zu genießen, ist das
Denken überflüssig.

Per godersi la vita, il pensiero è
superfluo.

-46-

O pensamento inventa uma felicidade
que não existe.

El pensamiento inventa una felicidad
que no existe.

Thought invents a happiness that
does not exist.

Das Denken erfindet ein Glück, das
nicht existiert.

Il pensiero inventa una felicità che
non esiste.

-47-

A felicidade é toda a vida.

La felicidad es la totalidad de la vida.

Happiness is the totality of life.

Glück ist die Gesamtheit des Lebens.

La felicità è la totalità della vita.

-48-

A felicidade está além dos desejos.

La felicidad está más allá de los deseos.

Happiness is beyond desires.

Glück geht über die Wünsche hinaus.

La felicità oltrepassa i desideri.

-49-

A felicidade aceita a vida com seus enigmas e crueldades.

La felicidad acepta la vida con sus enigmas y crueldades.

Happiness accepts life with its enigmas and cruelties.

Das Glück akzeptiert das Leben mit seinen Geheimnissen und Grausamkeiten.

La felicità accetta la vita con i suoi enigmi e le sue crudeltà.

-50-

A maravilha da vida e sua alegria estão na consciência.

Lo maravilloso de la vida y su alegría radica en la conciencia.

The wonder of life and its joy lies in consciousness.

Das Wunder des Lebens und der Freude liegt im Bewußtsein.

Il meraviglioso della vita e la sua allegria radicano nella coscienza.

-51-

A vida é alegria sem causa.

La vida es alegría sin causa.

Life is joy without cause.

Das Leben ist Freude ohne Grund.

La vita è allegria senza motivo.

-52-

Há alegria na atividade do cosmos.

Hay alegría en la actividad del cosmos.

There is joy in the activity of the cosmos.

Freude steckt in der Aktivität des Kosmos.

C'è allegria nell'attività del cosmo.

-53-

A felicidade é inerente à vida. A alegria de ser flui com a vida.

La felicidad es inherente a la vida. El gozo de ser fluye con la vida.

Happiness is inherent to life. The joy of being flows with life.

Glück steckt im Leben. Die Freude am Sein fließt mit dem Leben.

La felicità è inerente alla vita. Il piacere di essere fluisce con la vita.

-54-

A felicidade é revelada no silêncio da mente.

La felicidad se revela en el silencio de la mente.

Happiness is revealed in the silence of the mind.

Glück offenbart sich in der Stille des Geistes.

La felicità si rivela nel silenzio della mente.

-55-

Felicidade e pensamento raramente andam juntos.

La felicidad y el pensamiento rara vez van juntos.

Happiness and thought rarely go together.

Das Glück und der Gedanke gehen selten Hand in Hand.

La felicità e il pensiero vanno raramente insieme.

-56-

Vida e morte dançam juntas.

Vida y muerte danzan juntas.

Happiness and thought rarely go
together.

Das Glück und der Gedanke gehen
selten Hand in Hand.

La felicità e il pensiero vanno
raramente insieme.

-57-

Ver como o pensamento opera é
transcendê-lo.

Ver cómo opera el pensamiento es
trascenderlo.

Seeing how the thought works is
some how transcended.

Zu beobachten wie der Gedanke
funktioniert, heißt, ihn zu
überwinden.

Vedere il pensiero come opera è
trascenderlo.

-58-

Ao transcender o pensamento, há
alegria.

Al trascender el pensamiento hay
gozo.

Seeing how the thought works is
some how transcended.

Zu beobachten wie der Gedanke
funktioniert, heißt, ihn zu
überwinden.

Nel trascendere il pensiero c'è gioia

-59-

Há felicidade quando a pessoa não está.

Hay felicidad cuando la persona no está.

There is happiness when the person is not there.

Glück gibt es, wenn die Person nicht vorhanden ist.

C'è felicità quando la persona non c'è.

-60-

Para desfrutar, você tem que aceitar
a dor.

Para gozar hay que aceptar el dolor.

To be happy we need to accept pain.

Um zu genießen, muss man den
Schmerz akzeptieren.

Per sentire piacere bisogna accettare
il dolore.

-61-

Termine cada dia e diga que gostei
bastante.

Terminar cada día y decir he gozado
lo suficiente.

Finish everyday saying: I have
enjoyed enough.

Es reicht, am Tagesende sagen zu
können: heute habe ich genug
genossen.

Terminare la giornata e dire che ho
sentito piacere è sufficiente.

Viver no eterno presente é uma fonte de felicidade.

Vivir el eterno presente es fuente de felicidad.

Happiness is to live the eternal present.

Die ewige Gegenwart zu leben ist eine Quelle des Glücks.

Vivere l'eterno presente è fonte di felicità.

-63-

O presente basta para a felicidade, ensinam os estóicos.

El presente basta para la felicidad, enseñan los estoicos.

The present is enough for happiness, the Stoics teach.

Die ewige Gegenwart zu leben ist eine Quelle des Glücks.

Vivere l'eterno presente è fonte di felicità, insegnano gli stoici.

-64-

Ficamos imediatamente felizes e é aí
que epicureus e estóicos coincidem.

Somos felices de inmediato y en eso
coinciden epicúreos y estoicos.

We are happy immediately or never,
stoics and epicureans agree.

Glücklichsein und sofort, darin sind
sich Epikureer und Stoiker einig.

Siamo felici subito; su questo
coincidono epicurei e stoici.

-65-

A felicidade é sempre a mesma no
presente eterno.

La felicidad siempre es la misma en
el eterno presente.

Happiness is always the same in the
eternal present.

Glück ist in der ewigen Gegenwart
immer dasselbe.

La felicità è sempre la stessa nell'eterno
presente.

-66-

Aproxime-se da felicidade:
renuncie a ela.

Acércate a la felicidad: renuncia a
ella.

Resigning to happiness is getting
closer to it.

Nähere dich dem Glück: verzichte
darauf.

Avvicinati alla felicità: rinuncia ad
essa.

-67-

A felicidade é a nossa essência,
embora o pensamento a negue.

La felicidad es nuestra esencia,
aunque el pensamiento lo
niegue.

Happiness is our essence
even though the thought
denies it.

Glück ist unsere Essenz,
obwohl der Gedanke dies
bestreitet.

La felicità è la nostra
essenza, benchè il pensiero
lo neghi.

-68-

Salve a felicidade agora.

Guarda la felicidad en este instante.

Be happy now!

Nimm das Glück in diesem Moment wahr.

Conserva la felicità in questo istante.

-69-

Fico feliz em ser "algo" ou "nada"!

¡Alegra ser "algo" o "nada"!

Being something or being nothing is joy.

"Etwas" oder "nichts" zu sein bringt Freude!

Dà allegria essere "qualcosa" o "nulla"!

-70-

Na vida cotidiana existe felicidade.

En la cotidianidad hay felicidad.

In the everyday life there is
happiness.

Im Alltag liegt das Glück.

Nella quotidianità c'è felicità.

-71-

As coisas são felizes sem conhecê-las.

Las cosas alegran sin conocerlas.

Things give joy without knowing what
they are.

Dinge machen froh, ohne sie zu
kennen.

Le cose danno allegria senza
conoscerle.

-72-

Enfim, a vida é boa, diz Lineo.

Como quiera que sea la vida es
buena, dice Lineo.

Either way life is good, says Lineo.

Linnäus sagt: "Das Leben ist auf
jeden Fall schön".

Come sia, la vita è buona, sostiene
Lineo.

-73-

A vida é uma dádiva e você tem que vivê-la com sua angústia.

La vida es un don y hay que vivirla con sus angustias.

Life is a gift, you must live it with its troubles.

Das Leben ist ein Geschenk und wir müssen es mit all seinen Problemen leben.

La vita è un dono e bisogna viverla con le sue angosce.

-74-

Somos o que o curso da vida deseja.

Somos lo que quiere el curso de la vida.

We are what life wants us to be.

Wir sind das, was der Lebenslauf bestimmt.

Siamo quello che vuole il corso della vita.

-75-

Estamos destinados a acreditar no que pensamos que queremos voluntariamente.

Estamos destinados a creer lo que creemos querer voluntariamente.

Our destiny is to believe what we think we desire voluntarily.

Wir sind dazu bestimmt, das zu glauben, was wir freiwillig glauben möchten.

Siamo destinati a credere ciò che crediamo di volere.

-76-

Existir é alegria. Se somos um com o todo, como não podemos sentir alegria!

Existir es alegría. Si somos uno con el todo ¡cómo no sentir gozo!

There is joy in life. Living is joy. If we are one with the totality of life, how not to feel happiness?

Existieren ist Freude. Wenn man eins mit dem Ganzen ist, wie soll man das nicht genießen!

Esistere è allegria. Se siamo uno con il tutto, come non sentire piacere!

-77-

Qual é o sentido da vida?
O mistério da rosa.

¿Cuál es el sentido de la vida?
 El misterio de la rosa.

What is the meaning of life? The
mystery of the rose.

Was ist der Sinn des Lebens? Das
Geheimnis der Rose.

Qual'è il senso della vita?
Il mistero della rosa.

-78-

Diz Schiller: "Prazer, alegria, comunhão com as coisas, esta é a única coisa real e tudo o que produz a realidade. Todo o resto é vaidade e decepção. "

Dice Schiller: "Placer, gozo, comunión con las cosas, esto es lo único real, y todo lo que produce realidad. Todo lo demás es vanidad y decepción."

Schiller says: "Pleasure, joy and communion with everything is the only real thing, and that´s what actually occurs. Everything else is vanity and disappointment."

Schiller sagt: "Freude, Genuß, Gemeinschaft mit den Dingen, das ist das einzig Echte, und das, was Realität erzeugt. Alles andere ist Eitelkeit und Täuschung."

Schiller dice: "Piacere, godimento, comunione con le cose, questo è l'unico reale e tutto ciò che produce realtà. Tutto il resto è vanità e delusione."

-79-

Vamos viver o enigma da felicidade!

¡Vivamos el enigma de la felicidad!

Live the enigma of happiness!

Laß uns das Geheimnis des Glücks leben.

Viviamo l'enigma della felicità!

-80-

A angústia de viver faz parte da nossa natureza, lembra Nietzsche. Portanto, acrescento, você tem que estar feliz com isso.

La angustia del vivir es parte de nuestra naturaleza, recuerda Nietzsche. Por tanto, agrego, hay que ser feliz con ella.

The anguish of living is part of our nature, Nietzsche reminds us. Therefore, I add: we must be happy with it.

Die Angst vor dem Leben gehört zur menschlichen Natur, erinnert Nietzsche. Ich füge hinzu: man muß damit glücklich sein.

L'angoscia di vivere è parte della nostra natura, ricorda Nietzsche. Pertanto, aggiungo io, si debe essere felici con essa.

-81-

Fatores inatos e acidentais determinam o tipo, a profundidade e os altos e baixos da felicidade.

Factores innatos y accidentales determinan el tipo, la profundidad y los altibajos de la felicidad.

Innate and accidental factors determine the type, the depth, and the ups and downs of happiness.

Angeborene und zufälligen Faktoren bestimmen die Art, die Tiefe und die Schwankungen des Glücks.

Fattori innati e occasionali determinano il tipo, la profondità e gli alti e bassi della felicità.

-82-

Outra chave para ser feliz é aceitar os resultados de nossas decisões: eles são imprevisíveis.

Otra clave para ser feliz es aceptar los resultados de nuestras decisiones: son impredecibles.

Another clue of happiness is accepting the results of our decisions: they are unpredictable.

Eine andere Bedingung zum Glücklichsein ist die Anerkennung der Ergebnisse unserer Entscheidungen: sie sind nicht vorauszusehen.

Un'altra chiave per essere felice è quella di accettare i risultati delle nostre decisioni: sono imprevedibili.

-83-

Para ser feliz, siga a sugestão de
Goethe: "Não se esqueça de viver."

Para ser feliz, sigue la sugerencia de
Goethe: "No te olvides de vivir".

In order to be happy, follow Goethe's
suggestion: "Don't forget to live".

Zum Glücklichsein sollten wir
Goethes Rat befolgen: "Vergiß nicht
zu leben".

Per essere felice segui il suggerimento
di Goethe: "Ricordati di vivere".

-84-

"Não esquecer de viver é não esquecer as tarefas diárias", acrescenta Montaigne.

"No olvidarse de vivir es no olvidarse de la diaria tarea", agrega Montaigne.

"Don´t forget to live", remember everyday´s task.

"Nicht vergessen zu leben ist unsere vornehmste Aufgabe", fügt Montaigne hinzu.

"Non dimenticarsi di vivere è non dimenticarsi del compito quotidiano", aggiunge Montaigne.

-85-

Fique calmo, pare de buscar a
felicidade, aceite-a!

¡Quédate tranquilo, deja de buscar la
felicidad, acéptala!

Calm down, stop looking for
happiness, accept it!

Bleib ruhig, hör auf nach dem Glück
zu suchen, akzeptiere es!

Rimani tranquillo, smetti di cercare
la felicità, accettala!

-86-

Montaigne destaca: "Viver é a mais ilustre das ocupações. A grande e gloriosa obra do homem é viver convenientemente."

Señala Montaigne: "Vivir es la más ilustre de las ocupaciones. La grande y gloriosa obra del humano es vivir de modo conveniente."

Montaigne says: "Living is the most important task. The big and glorious act of the human being is to live in a convenient way.

Montaigne behauptet: "Das Meisterstück eines Menschen, auf das er besonders stolz sein kann, ist sinnvoll zu leben."

Segnala Montaigne: "Vivere è la più illustre delle occupazioni. La grande e gloriosa impresa dell'essere umano è vivere in modo conveniente".

-87-

A felicidade não se faz, acontece.

La felicidad no se hace, sucede.

Happiness is not something that you do, It´s something that happens to you.

Glück wird nicht erzeugt, es geschieht.

La felicità non si fa, succede.

-88-

Somos factos e não fazedores.

Somos hechos y no hacedores.

We are made, we are not doers.

Wir sind Taten und nicht Täter.

Siamo fatti e non artefici.

-89-

De acordo com Trungpa, meditação é fazer amizade com nós mesmos para dançar com a vida.

Según Trungpa, meditar es hacernos amigos de nosotros mismos para bailar con la vida.

According to Trumgpa, to meditate is to become friend of ourselves in order to dance with life.

Nach Trungpa ist die Meditation der Weg, um mit uns selbst Freundschaft zu schließen, um mit dem Leben zu tanzen.

Secondo Trungpa meditare vuol dire diventare amici di se stessi per ballare con la vita.

-90-

A felicidade é contemplação sem ego.

Felicidad es contemplar sin ego.

Happiness is to contemplate without ego.

Glück ist Betrachten ohne Ego.

Felicità è contemplare senza ego.

-91-

A felicidade é vivida e não se sabe como.

La felicidad se vive y no se sabe cómo.

We live happiness without knowing how.

Das Glück erlebt man und man weiß nicht wie.

La felicità si vive senza saper come.

-92-

Está feliz? Não haverá outra
oportunidade.

¿Eres feliz? No habrá otra
oportunidad.

Are you happy? There is not another
opportunity.

Bist du glücklich? Eine weitere
Gelegenheit gibt es nicht.

Sei felice? Non ci sarà un'altra
opportunità.

-93-

Você está feliz sem motivo.

Eres feliz sin ninguna razón.

You are happy without a reason.

Du bist glücklich ohne Grund.

Sei felice senza una ragione.

-94-

Nietzsche recomenda: "Ouse ser o que você é." E acrescento: você precisa disso para ser feliz.

Recomienda Nietzsche: "Atrévete a ser lo que eres". Y agrego: lo necesitas para ser feliz.

Nietzsche recommends: Dare to be what you are. I add: It is necessary in order to be happy.

Nietzsche empfiehlt: "Wage zu sein, wer du bist." Und ich füge hinzu: Du brauchst das, um glücklich zu sein."

Nietzsche raccomanda: "Abbi il coraggio di essere quello che sei". E io aggiungo: ne hai bisogno per essere felice.

-95-

A vida é uma festa de oportunidades
para ser feliz.

La vida es una fiesta de
oportunidades para ser feliz.

Life´s a party full of opportunities for
being happy.

Das Leben ist ein Fest von
Gelegenheiten zum Glücklichsein.

La vita è una festa di opportunità per
essere felici.

Ser feliz é viver com sabedoria. Se você aceita a felicidade, você aceita o inaceitável.

Ser feliz es vivir sabiamente. Si aceptas la felicidad, aceptas lo inaceptable.

Being happy is to live wisely. Accepting happiness is to accept the unacceptable.

Glücklichsein heißt, sinnvoll zu leben. Wenn du das Glück akzeptierst, akzeptierst du das Unannehmbare.

Essere felice è vivere saggiamente. Se accetti la felicità, accetti l'inaccettabile.

-97-

A felicidade não é adversa a nada. Se vivemos o nada que somos, há felicidade.

La felicidad no es adversa a nada. Si vivimos la nada que somos hay felicidad.

Happiness is not against anything. If we live being nothing there is happiness.

Nichts steht dem Glück im Wege. Wenn wir das Nichts leben das wir sind, erlangen wir das Glück.

La felicità non è avversa a nulla. Se viviamo il nulla che siamo, saremo felici.

-98-

Se você aprender a rir de si mesmo, sua felicidade nunca terá fim, diz o provérbio.

Si aprendes a reírte de ti mismo, tú dicha no tendrá fin, dice el proverbio.

If we learn to laugh at ourselves our joy never ends, the proverb says.

Wenn du lernst, über dich selbst zu lachen, wird dein Glück endlos, sagt das Sprichwort.

Se impari a ridere di te stesso, la tua fortuna non avrà fine, dice il proverbio.

-99-

No presente está a felicidade.

En el presente está la felicidad.

Happiness is in the present.

Das Glück liegt in der Gegenwart.

La felicità sta nel presente.

ACORDAR!
Desfrutar é viver.

¡DESPIERTA!
Disfrutar es vivir.

WAKE UP!
Enjoying is to live.

WACH AUF!
Genießen heißt leben.

SVEGLIATI!
Godere è vivere.

Epílogo

Não existe um Eu separado
do corpo nem do mundo.
Nisargadatta Maharaj

A felicidade está na totalidade da
realidade, que é devir e presença.

Alegria e felicidade fazem parte da vida
e se realizam quando vivemos
conscientes de que a própria vida é
mais maravilhosa do que seu conteúdo.

O poeta Jorge Guillén diz:
Ser nada mais o suficiente.
É a felicidade absoluta

Y Rafael Cadenas pergunta:
Se o que existe parece pouco para
nós, o que pode nos acalmar?

Epílogo

No hay un Yo separado
del cuerpo ni del mundo.
Nisargadatta Maharaj

La felicidad está en la totalidad
de la realidad, que es devenir y
presencia.

La alegría y la felicidad forman
parte de la vida y se hacen
realidad al vivir consciente de
que la vida misma es más
maravillosa que sus contenidos.

Dice el poeta Jorge Guillén:
Ser nada más
y basta.
Es la absoluta dicha

Y Rafael Cadenas pregunta:
Si lo que existe nos parece poco,
¿qué puede sosegarnos?

Autores consultados

O texto tem sua origem nos livros: La vida un misterio tremendamente hermoso ¡Qué vaina tan buena es vivir!, A la luz de la sabiduría, ¡Disfruta Ahora! -Es más tarde de lo que piensas- A la luz de la sabiduría de Einstein y Rafael Cadenas e Vivir y nada más, de Reinaldo Rodríguez Anzola, os três primeiros com uma bibliografia igualmente válida para esta obra. Ests frases também o influências de: Nietzschem, Wittgenstein, Cioran, Montaigne, Ramesh Balsekar, Einstein, Rafael Cadenas, Goethe, Eckhart Tolle, André Comte-Sponville, Consuelo Martín, Pierre Hadot e Jeff Foster.

Autores consultados

El texto tiene su origen en los libros: *La vida un misterio tremendamente hermoso ¡Qué vaina tan buena es vivir!, A la luz de la sabiduría, !Disfruta Ahora! - Es más tarde de lo que piensas - A la luz de la sabiduría de Einstein y Rafael Cadenas y Vivir y nada más*, de Reinaldo Rodríguez Anzola, los tres primeros con bibliografía igualmente válida para esta obra. Estas frases, también tienen influencia de: Nietzsche, Wittgenstein, Cioran, Montaigne, Ramesh Balsekar, Einstein, Rafael Cadenas, Goethe, Eckhart Tolle, André Comte-Sponville, Consuelo Martín, Pierre Hadot y Jeff Foster.

Petição

Prezado amigo leitor, agradeço seu comentário, preferencialmente na Amazon, ao lado do livro ou enviado para e-mail:

mjardin77@gmail.com

rey253@hotmail.com

Petición

Querida amiga o amigo lector, agradezco tu comentario, preferiblemente en Amazon, al lado del libro o enviado al correo:

mjardin77@gmail.com

rey253@hotmail.com

Outros livros do editor

La vida un misterio tremendamente hermoso
¡Qué vaina tan buena es vivir!
ISBN:980-12-0853-8 (agotado)
Prólogo de Jorge Portilla
¡DISFRUTA AHORA!
Es más tarde de lo que piensas
–A la luz de la sabiduría
de Einstein y Rafael Cadenas–
amazon.com/dp/b00ds76c04
Prólogo de Jesús Enrique Barrios
Presentación de Rafael Cadenas
A la luz de la sabiduría
amazon.com/dp/b00Fi7LPFE
Prólogo de Jorge Portilla
Palabras de Rafael Cadenas
Vivir y nada más
amazon.com/dp/b00gazork8
Prólogo del filósofo Jorge Portilla
Razones para ser feliz
¡Cómo lograrlo!
amazon.com/dp/b00h3wyt8w
Prólogo de José Pulido
Tú no existes
amazon.com/dp/b00hwm712o
Prólogo de Bill Quick
Vida y Conciencia
amazon.com/dp/b00i5pbh6i
¿Qué somos?
amazon.com/dp/b00ijb8lus
¿Sabemos algo?
amazon.com/dp/b00ig6fn3E

¿Somos libres?
amazon.com/dp/b00iopsgmc
Lo-Que-Es
amazon.com/dp/ B00I5PBH6I
Pensamiento y silencio
amazon.com/dp/b00Lfq7dbw
¡Despiértate!
La vida es una fiesta
o un paseo ¡escoge!
amazon.com/dp/b00muz7yji
Vida y Muerte
amazon.com/dp/b00oijns5s
Reasons to be happy
amazon.com/dp/b00ty4kw7e
Inglés / Español
Ragioni per essere felici
Come riuscirci!!
amazon.com/dp/B00qnw1r2o
Italiano / español
¿Pretendes ser feliz?
amazon.com/dp/b00vghzwr2
A....Z infinito de la vida
amazon.com/dp/b01326y5pe
Vida Plena
amazon.com/dp/b01bpxuy56
Vivir Amar Gozar y Reír
amazon.com/dp/b015wmbeua
Amar colma de gozo
amazon.com/dp/b01cwl9m1a
You do not exist
Bilingual English-español
amazon.com/dp/b01abhgk5a
Being happy

English-Deutsch-Italiano-Español
amazon.com/dp/B01B336ox4
La vida tal como es
amazon.com/dp/B01EOLZTE6
GRÜNDE ZUM GLÜCKLICHSEIN
Wie erreicht man das!
amazon.com/dp/B0169P75ZM
Traducción al alemán:
Herlinda Stockner
¿Sabes Vivir?
amazon.com/dp/B01FLERNMC
Si Dios existiera
amazon.com/dp/B01hc5i9ps
Incertidumbres
amazon.com/dp/B01ICKV9H2
No-Saber
amazon.com/dp/ B01LWZOI20
Espiritualidad
amazon.com/dp/B01N3R0WUM
Verdades
amazon.com/dp/B01NA9HJQC
Asertos y Preguntas
amazon.com/dp/B01N9JT35N
Truths?
¿Verdades?
amazon.com/dp/B01MTGH4PO
Inteligencia
amazon.com/dp/B06XCF815Z
Ser - Presencia
amazon.com/dp/B07283HFST
¡Asómbrate!
Somos enigmas
amazon.com/dp/B073YM7YN8
Ilusión - Presencia

amazon.com/dp/B077PVLRM7
Realidad - Presencia
amazon.com/dp/B079Z2FXWM
Rafael Cadenas Poesía y destino
amazon.com/dp/B079T1BQ1V
Presencia Ser-Ilusión-Realidad
amazon.com/dp/B07ckl5wjh
Prólogo de Jorge Portilla
Presencia no-dual
amazon.com/dp/B07CZV36Q5
Prólogo de Jorge Portilla
¿Qué somos? ¿Somos libres?
amazon.com/dp/B07JD7FBH4
Papel ISBN: 9781728817163
La felicidad desde el infierno de Venezuela
amazon.com/dp/B07FK6W2YG
"ESO" "Lo-Que-Es" "Lo-Que-Somos"
amazon.com/dp/B00IVKQUM8
Momentículas
Jesús Enrique Barrios
amazon.com/dp/B07G7CBP31
Felicidad y sabiduría
Si lo dudas, mira a un niño
amazon.com/dp/B07TW9HSD
A cada momento
Mi destino se aleja de mí
Jesús Enrique Barrios
amazon.com/dp/B07W8NW453
Algo más
Jesús Enrique Barrios
amazon.com/dp/b07WLTL9G8
La poesía concede maravillas

La misma confusión
Jesús Enrique Barrios
Así te vivo
amazon.com/dp/B07WKJLHG8
Peros y Grullas
¿Excesos de la mente?
amazon.com/dp/ B088QY5QKY